AF250963

Lh 3.

GUERRE DE 1846.

ÉDOUARD III. — PHILIPPE DE VALOIS.

Par M. De PONGERVILLE, de l'Académie française.

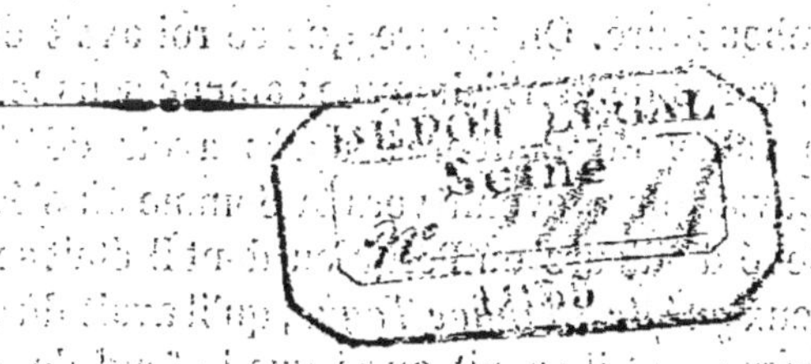

L'invasion faite par le roi d'Angleterre au quatorzième siècle, les
événements importants de cette agression, sa cause, ses actes et
ses résultats n'ont pas toujours été exposés avec précision. Les
chroniqueurs contemporains, anglais et français, en ont parlé, les
uns avec l'exagération des vainqueurs, les autres avec une ti-
mide incertitude. Au quatorzième siècle, le recueil des récits, la
rumeur publique étaient les seules sources de l'histoire. Le chroniqueur qui, le premier, ait parlé en France du désastre de Crécy,
est Froissart ; à l'époque de la bataille, il n'était âgé que de onze ans,
et n'a pu en être le témoin, il n'a recueilli que les versions don-
nées, tantôt par les vainqueurs, tantôt par les vaincus ; car Froissart était en rapport amical avec les uns et les autres, mais il n'a
jamais visité le théâtre de l'événement ; les bois, les collines, le
vallon, rien n'est changé sur le champ de bataille de Crécy et tout
est contraire à la description de Froissart. La trace des retranchements en terre, les ravins, le moulin, asile d'Édouard ; les longs
amas d'ossements, les débris d'armures offrent encore à l'observa-
teur attentif de quoi rétablir les lignes anglaises, telles qu'elles com-
battaient dans leur espèce de camp retranché.

Lorsqu'un annaliste en renom se trompe, il entraîne dans ses
méprises la foule des narrateurs qui se répètent de loin en loin

comme de dociles échos. M. de Châteaubriand, qui a composé si
rapidement ses *Etudes historiques*, a joint aux erreurs de son guide,
dans l'*invasion d'Edouard*, tout ce que lui a suggéré sa complaisante
imagination. On sent qu'il a copié ses devanciers et n'a interrogé lui-
même ni les champs de carnage, ni les titres conservés dans les
archives du pays et des châteaux d'alentour, ni les traditions des
habitants, ni le fond du sol où les débris de cette grande lutte
parlent si clairement aux regards.

Les événements les plus inexplicables ont une raison d'être, leur
cause est longtemps une énigme, il faut en savoir le mot. On ne
conçoit pas, dit-on, par quelle imprudence Edouard, qui pouvait
passer la Somme en avant d'Abbeville, va la traverser près de son
embouchure. On ignore que ce roi avait été forcé d'aller combattre
un corps de gentilshommes amené sous les murs d'Oisemont, par le
chevalier de Boubers ; après avoir défait ce corps, Edouard ne
pouvait plus revenir vers la Somme où s'étendait l'armée de France.
Elevé d'ailleurs en Ponthieu dont il était seigneur, il connaissait le fa-
meux *gué de Blanque Taque*, qu'il avait dû souvent traverser dans ses
chasses, et il savait aussi que le fond de ce gué variait de direction
presque à chaque grande marée ; c'est son état présent dont il voulait s'assurer, en interrogeant le pêcheur Agache qu'il prit pour
guide. Ce pauvre guide a été maudit par beaucoup de narrateurs, et
surtout par M. de Châteaubriand, qui le considère comme un de ces
monstres que la colère divine, dit-il, destine au châtiment des nations. Pour juger les événements et les hommes, il convient de se
faire leur contemporain par la pensée. M. de Châteaubriand voue ce
docile paysan à l'exécration de la postérité ; il le transforme *en ci-
toyen français* du dix-neuvième siècle, qui trahirait sa patrie au
profit d'un prince étranger. Mais ce pauvre serf, en guidant son
seigneur, roi d'Angleterre et comte de Ponthieu, remplissait un
devoir sacré. Lui qui ne s'appartenait à lui-même que dans certaines
conditions, lui qui ignorait, peut-être, et le nom et le droit suzerain
du roi, seigneur de France, ne raisonnait pas sur les prétentions des
princes rivaux ; il aidait le maître à qui il devait foi et servage de
corps et de bien. Ces sortes d'erreurs, causées par l'ignorance des
temps que l'on veut retracer, détruisent la confiance due à l'historien ; nous signalerons des méprises d'un autre genre à propos de ce
grand événement de Crécy. Chroniqueur, courtisan, conteur et poëte,
Froissart, accoutumé aux fictions, étranger à l'art militaire, a décrit
au hasard les champs de bataille de Crécy et de Poitiers ; ses descrip-
tions sont démenties par l'examen des lieux. M. de Châteaubriand

peut donc rejeter une partie de ses nombreuses déceptions sur le modèle qu'il a copié. Mais, de lui-même, il affirme que, la veille du passage de la Somme, Edouard, *soucieux, retiré sous sa tente comme une bête noire dans sa bauge*, roulait des regards sombres, et qu'il fit amener devant lui des prisonniers pour leur demander s'ils connaissaient un fond guéable sur la rivière, et il ajoute : Philippe de Valois envoya trop peu de monde pour garder le gué. Philippe n'eut ni le mérite de la précaution, ni le tort de l'avoir rendue insuffisante. Les troupes qui, sous les ordres de Godemard Dufay, tentèrent de s'opposer au passage de *Blanque Taque*, étaient formées par les milices des pays environnants, qui, du haut des collines de la rive droite de la Somme, avaient vu le mouvement des Anglais et venaient leur barrer le chemin ; Valois réunissait alors dans Abbeville ses masses confuses, il ignorait même la direction nouvelle prise par son adversaire. Il en fut instruit trop tard, car les éclaireurs d'une partie de son armée n'arrivèrent sur les bords du fleuve qu'au moment où les Anglais étaient déjà fort avancés vers la route de Crécy.

Edouard, sous la conduite de Gobin Agache, arrive au jour naissant au gué de *Blanque Taque*. Mais, au moment où l'armée anglaise allait traverser le fleuve, la marée, plus forte qu'on ne l'avait présumé, le gonflait à pleins bords, et sur la rive opposée un nombre assez considérable de milices se formait en ligne pour disputer le passage. L'habile Edouard dut apprécier le péril de sa position. Les troupes de France étaient en ce moment à Abbeville, à trois lieues, en amont de la rivière ; elles pouvaient prendre Edouard en arrière et le presser entre la Somme et une armée cinq fois plus nombreuse que la sienne, et par de là ce fleuve se présentaient huit à neuf mille combattants.

Ce temps d'angoisses dura quatre heures, mais le chef intrépide se montrait calme, son front était fier, sa parole assurée. Seulement, son regard s'amollissait en se partant sur son fils, le prince de Galles, jeune guerrier, qui, sous le nom modeste *de Prince Noir*, qu'il prit de la couleur de son armure, devait étendre bientôt sa renommée dans toute l'Europe. Courageux comme les plus braves guerriers, mais supérieur à tous par l'élévation de sa pensée, ses rares qualités avaient devancé l'âge. Beau de corps, noble et gracieux, modeste avec dignité, intrépide sans fureur, généreux, compatissant, souvent il adoucit les maux inévitables de la guerre ; il possédait, en un mot, tout ce que le vœu des nations demande dans un chef suprême, mais il ne brilla que sur les marches du trône, son éclat fut aussi vif que passager. Il sembla n'apparaître au monde que pour y révéler les vertus d'un autre âge.

Enfin le reflux, retardé par le vent contraire, permettait à peine de tenter le passage, que déjà Edouard, son fils, Warwick et d'Harcourt s'élancent les premiers dans le lit du fleuve. Ses troupes serrées fendent le courant en bon ordre. L'eau couvre encore parfois les épaules des fantassins. Les soldats de Godemar Dufay firent des prodiges de valeur, mais il leur fallut céder au courage désespéré d'un ennemi qui devait vaincre ou périr. Sur les lieux mêmes, Edouard récompensa généreusement son guide fidèle.

Le roi d'Angleterre après ce succès prend une nouvelle confiance dans sa fortune, mais il ne néglige rien pour détruire celle de son ennemi ; il se dirige vers le nord-est, franchit la vaste forêt de Crécy, descend dans la vallée où la Maye prend sa source, remonte la colline *de Wadicourt* et s'arrête au sud de Crécy, sur le terrain que son génie lui indique pour résister à ses nombreux adversaires. Il range son armée, et l'inspecte d'un air assuré : il parle à tous ses chefs et leur inspire la confiance. Il tirait bon augure, disait-il, de combattre sur une terre amie, dans ce Ponthieu, dot de sa mère Aliénor, fille de Philippe le Bel.

Edouard profite de la position qu'il a su atteindre pour disposer son armée avec avantage, il la divise en trois corps sur le penchant d'une colline ; son centre et ses deux ailes forment un croissant resserré dans ses extrémités, et ne laissant que très-peu d'espace à l'attaque, il entoure ses troupes d'ouvrages en terre, un ravin profond le garantit sur une partie de sa gauche ; lui se place au milieu de sa réserve, près d'un moulin du haut duquel il embrasse et dirige les lignes des combattants. Edouard connaissait la portée de son adversaire, il reste calme dans le danger et oppose les ressources de son génie aux multitudes indisciplinées qui marchaient sur ses pas. Philippe de Valois avait une armée cinq fois plus nombreuse que l'armée anglaise, il pouvait envelopper son rival et le réduire à se rendre. Il n'en fut point ainsi : le courage était égal des deux côtés, mais la discipline triompha du désordre.

Cependant Philippe envoie reconnaître l'ennemi par cinq guerriers expérimentés : les sires d'Aubigny, de Beaujeu, de Montmorency, le porte-oriflamme Desnoyers, que M. de Châteaubriand surnomme *Miles des Noyers*, en confondant son titre avec le nom propre, *miles, chevalier, guerrier*. Ce mot latin était la qualification ordinaire de tout militaire noble. Puis l'aumônier du roi de Bohême, le moine de Bâle, qu'en Suisse on écrit Basèle : M. de Château-

briand, fait de celui-ci un chevalier Le Moine, seigneur de Basèle;
ces méprises sont légères, il en commet de plus graves. Les
cinq guerriers, que les Anglais avaient, à dessein, laissés appro-
cher d'eux, et qui appréciaient l'excellente position et l'ordre de
l'armée d'Edouard, donnèrent le sage conseil de laisser reposer les
troupes françaises déjà fatiguées avant de combattre, et qui, entassées
pêle-mêle dans un lieu resserré, ne pouvaient à l'instant même
prendre rang de bataille. Tandis que les Anglais, presque tous fantassins (car Edouard avait fait ranger à pied sa cavalerie, les chevaux
étaient gardés dans un bois derrière le camp), se reposaient assis sur
le sol, et achevaient leur repas, leurs armes rangées près d'eux,
comme de tranquilles moissonneurs prêts à reprendre la faux. Ce
calme de la valeur prudente annonçait déjà de quel côté se rangerait
la victoire.

Philippe se rend à l'avis de ses éclaireurs : il ordonne, de *par
Dieu et par saint Denis*, d'arrêter la marche, on s'arrête; mais le
comte d'Alençon, frère du roi, s'obstine à se porter en avant. La
tête des colonnes qui avait fait halte, craignant de perdre son ordre
de bataille, regagne au pas de course sa première place. Les chefs
mettent leur vanité à se dépasser alternativement; les deux tiers de
l'armée, arrivés en face de l'ennemi, ne présentent plus qu'une masse
confuse.

Il était trois heures après midi, une atmosphère lourde et brûlante
pesait sur cette foule nombreuse, marchant sous les armes depuis le
lever du jour. Des cavaliers bardés de fer, des archers, des piétons,
harassés de fatigue, dévorés de soif, se pressaient mêlés sur un
terrain étroit et montueux; ils s'efforçaient en vain de développer
leurs lignes. Les corps s'entrechoquaient dans un nuage de pous-
sière; les clameurs couvraient le son des trompettes; les divers
commandements se croisaient, perdus dans une vaste confusion
d'hommes, de chevaux, de bagages, où la voix et les regards des
chefs ne pénétraient plus. Tout à coup, s'élevant du côté de la mer,
un violent orage éclate, verse des torrents de pluie et de grêle;
l'orage se dissipe, et les arbalétriers génois reçoivent l'ordre d'atta-
quer; mais ces étrangers, souffrant de faim et de soif, demandent un
instant de repos; la pluie a détendu le nerf de leurs arcs, qu'ils
tenaient à découvert, selon l'usage italien; tandis que les Anglais
habitués à un ciel pluvieux, enfermaient leurs arbalètes dans des
étuis. Le répit que demandaient les Génois ne leur est point accordé;
contraints, ils attaquent en proférant de bruyantes imprécations.
C'est peu, le soleil qui reparaît frappe leurs yeux et les fatigue; les

Anglais, dans une position avantageuse en tout point, font pleuvoir sur ces archers découragés une multitude de flèches, aussi serrées que neige, disent les chroniqueurs. Les Génois reculent; le comte d'Alençon qui, dans ce mouvement de terreur, croit voir une trahison, s'élance sur eux, les presse, les frappe, en s'écriant : *Pourquoi se charger de telles ribaudailles qui vous faillent au besoin?* Le comte Doria et Charles Grimaldi tentent vainement de ramener leurs Génois. Ces deux chefs tombent morts. Philippe, à qui la rumeur annonce ce premier échec, s'écrie, en colère : *Or tôt tuez cette ribaudaille qui nous empêche la voie!* On attribue ces mots au fougueux d'Alençon; il se précipite avec ses cavaliers à travers les Génois, leur porte des coups de lance et les fait fouler aux pieds des escadrons; renversés pêle-mêle, ces malheureux se roulent en fureur, et de leur dague tranchent le ventre et les jarrets des chevaux qui les broient. Au milieu de cette horrible mêlée, les Anglais lancent un déluge de traits qui percent à la fois les victimes et les bourreaux.

Jacques de Bourbon, à la tête d'une troupe qu'il a dégagée du gros de l'armée, parvient, à travers un bourbier de chair et de sang, jusqu'à la ligne d'attaque. Il est bientôt repoussé, et se replie sur le deuxième corps. Avant de reprendre l'offensive, on voulait attendre la réserve commandée par le roi. Ce prince, resté jusque-là dans le vallon de Fontaine, rassemblait avec peine les troupes du troisième corps qui tergiversaient dans la campagne, loin du champ de bataille. Le comte d'Alençon, que sa première faute n'a fait qu'irriter, s'indigne du retard, et commande à son *porte-bannière*, Jacques d'Estracelles, de marcher à l'ennemi : ce chevalier avait la réputation d'un vaillant homme. Jugeant qu'un moment de repos était nécessaire à tous, il avait ôté le *pot de fer* qui couvrait sa tête, afin de respirer, car la chaleur était extrême; il déclara au comte que chercher à débusquer les Anglais de leurs retranchements avec de la cavalerie, c'était courir à une perte inévitable. « Remettez votre *bassinet*, lui réplique le prince, et marchons!— Vous l'ordonnez, dit le brave d'Estracelles, je remets donc mon *bassinet*, mais je ne l'ôterai plus.» Il s'élance, les troupes le suivent dans l'espace ouvert entre les deux ailes ennemies; une ardeur aveugle les emporte, elles pénètrent jusqu'à la seconde ligne. L'audace de l'attaque porte le désordre dans les rangs ennemis : le jeune prince de Galles soutient le choc avec quelques-uns de ses chevaliers; mais, accablée par le nombre, son escorte est repoussée. C'est en ce moment qu'on avertit Édouard du péril de son fils et qu'il répond avec calme : « Laissez l'enfant gagner ses éperons, je veux que cette journée soit sienne. » Cependant le prince tombe de cheval, il va être pris ou massacré. Un chevalier, d'origine normande, Richard de Beaumont, *porteur de la bannière galloise*, revient vers son prince, le couvre de son étendard, qu'il étend et retient sous ses pieds écartés. Il saisit à deux mains sa longue épée, la fait tournoyer, et contient la foule. Bientôt Arundel et d'Harcourt reparaissent avec des troupes fraîches, dégagent le prince, et repoussent les assaillants, pressés de toutes parts et rejetés jusqu'au bas de la colline qu'ils encombrent de mourants.

Les comtes d'Alençon et de la Marche, désespérés, tentent de tourner les positions qu'ils n'ont pu forcer. Ils entrent dans un large et profond ravin qui borde extérieurement l'aile gauche des Anglais, ils s'y précipitent au galop ; mais l'issue de cette gorge est barricadée ; et tandis qu'ils s'efforcent de rompre l'obstacle imprévu en s'agglomérant, les Anglais font volte-face ; et, couverts de leurs chariots et de leurs palissades, lancent de haut en bas une grêle de traits sur une masse qui ne peut ni avancer, ni reculer, ni se défendre, et qui, bientôt, n'est plus qu'un monceau de morts. C'est là que le comte d'Alençon expie sa forfanterie : là sont étendus le duc de Lorraine, Louis de Châtillon, les comtes d'Auxerre et de Sancerre, et le brave d'Estracelles qui, renversé sur son étendard, *n'ôtera plus son bassinet*. Dès ce moment, le combat ne fut plus qu'un massacre, les Anglais n'avaient que la peine de tuer.

Il y avait si peu d'ensemble dans l'armée de France, que le roi et son corps de bataille n'arrivèrent devant l'ennemi que dans ce moment même. Philippe s'étant tenu, pour rallier ses traînards, dans les replis du vallon de Fontaine, ignorait une partie des événements ; il supposait même les chances du combat à son avantage. Enflammé de colère il s'élance vers ses ennemis avec une grande précipitation. « Marchons, enfants ! dit-il, marchons ! » Mais ces milices, qui heurtent à chaque pas des cadavres ou des mourants, sont saisies d'horreur, et ne s'avancent qu'en poussant ce cri prophétique : *A la mort ! à la mort !* Et ce cri se mêle longtemps au bruit des armes. L'impétuosité du premier choc fait reculer les Anglais jusqu'à leurs lignes retranchées. Le jour commençait à baisser : Edouard, descendu de la hauteur du moulin qu'il n'avait pas quittée un instant, s'approche rapidement avec sa réserve : en même temps, sur l'angle de la colline, à l'extrémité de son aile droite, il fait tirer quatre petits canons, chargés de balles ; l'éclat du feu, la fumée, le bruit qui épouvante les chevaux, augmentent le désordre. L'emploi de ces petits canons ne peut être contesté. Villani en parle sans aucune surprise ; cet historien n'a pu faire en cela aucun anachronisme, car il n'est mort que deux ans après la bataille. Cette petite artillerie n'influa que très-faiblement sur le résultat de l'action, et tous les chroniqueurs s'accordent à dire que les *canons* ou *bombardes* ne tirèrent que vers le soir. L'auteur des *Études historiques* prétend que ces canons avaient produit l'effet du tonnerre et que, sous leurs coups, *de si grands monceaux d'armes, de cadavres et de chevaux s'élevaient si haut, que ce qui restait vivant était comme assiégé, bloqué et immobile dans ces barricades mortes.* L'invraisemblance et l'exagération détruisent l'effet qu'on veut produire. Il n'y a jamais de touchant que le vrai ou ce qui lui ressemble.

Ce qui reste de l'armée de France veut tenter un dernier effort. Le vieux roi de Bohême, qui apprend que son fils Charles, roi des Romains, a été vu combattant au plus épais de la mêlée, s'écrie qu'il veut aller secourir son fils; il fait lier la bride de son cheval à la bride des chevaux de ses écuyers, et, privé de la vue, il va chercher la mort en appelant son fils. « Le fils, dit Froissart, *voyant que les choses tournaient mal pour le roi de France, s'en alla bien vite, et moi ne sait bonnement quelle route il print.* » M. de Châteaubriand représente ce vieux roi aux prises avec le jeune prince de Galles. Ils essayèrent, dit-il, plusieurs passades de lance. Aucun historien ne parle d'un fait aussi invraisemblable. Le roman dans l'histoire en détruit tout l'intérêt.

Philippe de Valois, général inhabile, possédait la vertu du soldat; deux chevaux avaient été tués sous lui : blessé à la gorge, il s'acharnait encore à la lutte. Sa troupe s'éclaircissait rapidement. A la lueur du crépuscule, il ne voyait plus autour de lui qu'un petit nombre des siens, et pourtant il s'obstinait à coup férir. Jean de Hainaut fut contraint de lui faire un peu de violence pour l'arracher de la mêlée; il l'entraîna en saisissant le frein de son cheval. D'Aubigny, de Montfort, de Beaujeu et Charles de Montmorency le suivirent. Ce reste héroïque d'une armée de cent vingt mille hommes, protégé par une nuit orageuse et sombre, courut jusqu'à la rivière d'Authie, et se trouva à la porte du château de la *Broie*. Attaché à la cause du roi de France, le commandant, nommé Jéhan Lessopier, refuse de baisser le pont; Valois se fait reconnaître, on l'introduit, et de ce château où il ne resta que quelques heures, il continua sa route vers Amiens. L'auteur des *Études historiques* répète, après plusieurs narrateurs, le mot prêté à Philippe de Valois à la porte du château : « Ouvrez, ouvrez! c'est la fortune de la France! » On voulut relever ce prince vaincu en lui attribuant un mot heureux, qui n'est

guère dans le goût du temps, ni encore moins dans l'esprit de ce roi.
Cette version, ornement historique, fut adoptée, on l'admira. Dans
certaine circonstance, ce mot pouvait être sublime : il le serait pour
César, prêt à périr dans la mer; pour Napoléon, après *Waterloo*.
Dans la gloire et le génie de ces grands hommes se retrouvait la fortune de leur empire ; mais chez ce roi, qui vient de perdre si étour-
dîment l'élite de son royaume, et qui n'a rien en lui pour réparer le
mal présent, ce mot ne serait qu'une fanfaronnade. Cependant le
calme et l'obscurité s'étendaient sur le champ de bataille. Edouard
avait peine à se persuader qu'une si nombreuse armée fût anéantie
ou dispersée en quelques heures; il craignait un piége. Le prudent
vainqueur ne permet point à ses combattants de sortir des lignes :
lui-même s'avance et prête de tous côtés une oreille attentive; le
silence de la nuit n'est troublé, à de longs intervalles, que par les
gémissements des mourants épars dans la vallée. Il fait allumer des
feux sur tous les points, l'étendue était vide de combattants. A la
lueur des torches, il fait contempler à son fils les horreurs du carnage :
« Vous voyez, lui dit-il en l'embrassant, que les combats ne sont
point des jeux d'enfants; vous avez vaillamment combattu, et vous
êtes digne de terre tenir. »

Le roi et son fils s'empressèrent de faire relever et transporter à
Crécy les chevaliers et les écuyers qui respiraient encore. En même
temps, les moines de la riche abbaye de Valoires vinrent en hâte
prodiguer des secours aux blessés des deux partis, ils transformèrent
en pieux hospice leur métairie de Crécy-Grange. Leur zèle infati-
gable ne distinguait pas le riche baron du pauvre soudoyer ; les
blessés de France et d'Angleterre, les gentilshommes et les pé-
dailles étaient traités en frères.

Dans la nuit même, on trouva le vieux roi de Bohême terrassé,
les rênes de son destrier étaient liées aux rênes des chevaux de ses
deux écuyers. Ce prince respirait encore; il retrouva un moment la
parole pour demander son fils ; ce fils avait oublié celui qu'il devait
secourir. Ce fut le jeune prince de Galles qui soigna ses derniers
moments. Voilà la seule entrevue de ces deux princes que M. de
Châteaubriand fait combattre comme des héros d'Homère. Edouard
fit inhumer avec pompe son noble ennemi dans le lieu même où il
avait été renversé. Sa tombe se voit encore aujourd'hui ; mais, au
quinzième siècle, ses restes avaient été reportés dans l'église de
l'abbaye de Valoires. Sur la pierre tumulaire, on lisait ce naïf qua-
train :

L'an mil quarante six trois cents,

Comme le chronique témoigne,
Fut inhumé et mis céans
Le très puissant Roi de Bohégne. .

Cette épitaphe a subsisté jusqu'à la révolution de 1791.

Le lendemain de la bataille, le massacre fut encore plus considérable ; au point du jour, les troupes commandées par les deux meilleurs chefs anglais, Holland et Warwick, parcoururent les campagnes d'alentour pour achever la dispersion des vaincus. Edouard était informé que des levées avaient été faites dans le Beauvoisis, la Normandie et les pays circonvoisins, et venaient renforcer l'armée de Philippe de Valois. Ces auxiliaires étaient conduits par le grand prieur de France, le duc de Lorraine; l'archevêque de Rouen, qui périrent dans la journée du 27. Les fuyards de la veille se rallièrent à ces milices, et formèrent un nombre considérable de combattants ; mais tous marchaient au hasard et découragés par la défaite, dont le bruit s'était répandu rapidement pendant la nuit. L'auteur des *Etudes historiques* affirme, sans citer d'autorité, que ces milices ignoraient les événements de la veille, et qu'elles venaient aveuglément se livrer à leurs ennemis qui les attendaient en embuscade. Mais, le soir même de la bataille, le mayeur d'Abbeville, Hugues le Ver, qui avait suivi le roi jusqu'à Crécy, était revenu annoncer la défaite dont la rumeur se propageait de tous côtés. Les Anglais, dit M. de Châteaubriand, employèrent un odieux stratagème pour attirer dans le piége les auxiliaires de Valois. Ils plantèrent sur un tertre les étendards français ; et les troupes crédules, croyant tendre les bras à leurs compatriotes, tombaient dans les rangs ennemis qui les égorgeaient facilement. Mais, à cette époque, il n'existait pas de drapeau national. Chaque prince, chaque seigneur particulier avait sa couleur et son étendard. Le roi de France, lui-même, portait la couleur rouge, qu'Edouard portait aussi, comme roi de France prétendu. Ce ne fut qu'au commencement du siècle suivant que le monarque français adopta le blanc pour se distinguer de son ennemi. Si les Anglais avaient en effet employé ce stratagème, serait-ce donc l'oriflamme qu'ils auraient déployé ? ce petit étendard était-il en leurs mains? Et puis, toutes les chroniques l'attestent, pendant la matinée du 27, un brouillard épais couvrait la plaine. Comment les milices auraient-elles aperçu le signe du ralliement trompeur? Il périt en effet beaucoup plus de combattants que la veille; pourtant il ne faut l'attribuer ni à la ruse des Anglais, ni à l'étourderie des milices auxiliaires, moins nombreuses qu'on le suppose. Elles se réunirent aux débris de l'armée défaite, dont les fuyards, épuisés par la marche forcée et le sanglant combat de Crécy, n'avaient pu s'en trouver fort éloignés. Le lendemain, au point du jour, ces troupes découragées, menées sans ordre, ne se ralliant qu'avec peine, furent aisément détruites par la cavalerie anglaise, qui les traquait de tous côtés, et les accablait de cette supériorité que donnent au petit nombre la discipline et la confiance d'un triomphe récent.

On reproche à Edouard de n'avoir pas voulu faire de prisonniers ; cette rigueur s'absout peut-être par le petit nombre de son armée que les prisonniers auraient surpassé au moins quatre fois. Il avait défendu à ses combattants de s'avancer au delà de leurs lignes, sous aucun prétexte. Ainsi, le riche chevalier Jéhan de Fusselles, renversé très-près de l'ennemi, se débattait sous le poids de son cheval. Son jeune page vole à son aide, le dégage et le ramène, à la vue des Anglais, qui ne s'opposent pas à la courageuse action du page. Quant au second jour, où le massacre fut beaucoup plus grand, Edouard n'a plus la même excuse. On dit qu'en voyant l'extermination de tant de seigneurs opulents, il regretta qu'on ne les eût pas pris à rançon. Il est douteux, d'ailleurs, que ces gentilshommes aient consenti à se rendre. Vaincre ou mourir est un sentiment inné qui a inspiré les Français de tous les temps. Aussi, dans la funeste matinée du 27, une troupe de cent gentilshommes picards, cernée par des milliers d'ennemis, se rallie au pied d'un coteau, entre les villages de Gappennes et de Brailly ; ces guerriers se promettent de mourir ensemble jusqu'au dernier. Leur cri de ralliement était *Moriamur*. Ils s'encouragèrent avec ce mot, qu'ils redisaient à chaque coup de lance ; le dernier le répéta en expirant. Une chapelle, rappelant ce fait d'armes, existe encore sur les lieux ; au frontispice est écrit *Moriamur*.

On a beaucoup exagéré les conséquences des revers de Philippe de Valois. Edouard passa rapidement sur la France comme un torrent redoutable. Le sang coula ; mais rien ne fut changé dans le royaume. Le vainqueur, étonné de sa témérité et de son succès, au lieu de marcher sur Paris, se retira en hâte sous les murs de Calais, port le plus utile à ses communications avec le continent. La lutte entre les deux souverains n'avait rien de national sous le rapport politique ; elle n'était que la suite d'une querelle d'héritage ; le pays était l'enjeu des princes rivaux ; le procès était soutenable pour l'un et pour l'autre. Tous les grands n'avaient pas reconnu la loi salique, et la noblesse balançait, selon ses intérêts particuliers, entre Edouard et Philippe.

C'est à tort que quelques écrivains ont regardé le désastre de Crécy comme le Waterloo d'un autre âge. A Crécy, la nécessité de vaincre, la prudence, l'habileté du roi d'Angleterre l'ont fait triompher d'un prince aussi brave que lui, mais dépourvu de talent militaire, conduisant en aveugle une foule sans discipline. Beaucoup de sang fut répandu par ce grand duel, mais rien ne fut changé dans l'Etat. A Waterloo, au contraire, l'Europe saisit un moment de fatigue et d'incertitude pour assaillir le maître qui l'avait dominée pendant quinze ans, et dont le génie, immense comme le pouvoir, conduisait la France vers les hautes destinées que retarda l'inconstance de la victoire.

(Extrait du Journal général de l'Instruction publique et des Cultes.)

Paris, imp. de Paul Dupont, rue de Grenelle-Saint-Honoré, 45.

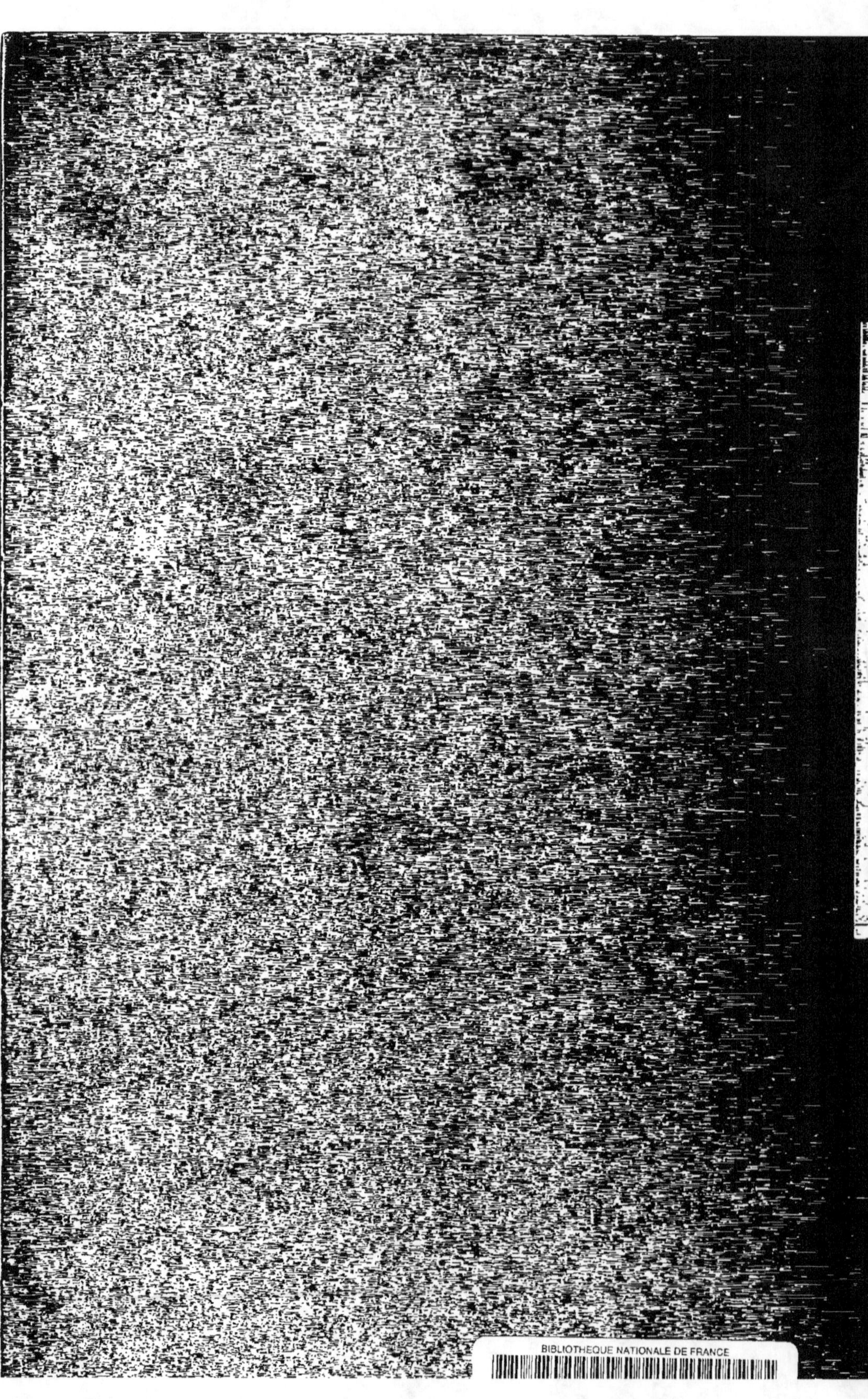

www.ingramcontent.com/pod-product-compliance
Lightning Source LLC
Chambersburg PA
CBHW061100080726
47596CB00010B/2612